La Iglesia de los hipócritas

La Iglesia de los hipócritas

❖

Reinaldo Martinez

Número de Control de la Biblioteca del Congreso de EE. UU.:		2018939055
ISBN:	Tapa Dura	978-1-5065-2408-5
	Tapa Blanda	978-1-5065-2409-2
	Libro Electrónico	978-1-5065-2410-8

Información de la imprenta disponible en la última página.

Fecha de revisión: 23/03/2018

Para realizar pedidos de este libro, contacte con:
Palibrio
1663 Liberty Drive
Suite 200
Bloomington, IN 47403
Gratis desde EE. UU. al 877.407.5847
Gratis desde México al 01.800.288.2243
Gratis desde España al 900.866.949
Desde otro país al +1.812.671.9757
Fax: 01.812.355.1576
ventas@palibrio.com
769663

"Quiero dedicar este libro a Dios Nuestro Señor, que gracias a su Divina Misericordia, mi vida ha logrado tener mas paz, y trato de ser cada dia mejor ante los ojos de mi Salvador", AMEN.

Un saludo a todos los que puedan leer estas mis humildes y sinceras palabras que nacen de mi alma y de la Sabiduria que Dios ha puesto en mi corazón.

El título que he escogido no es en contra de ninguna iglesia, Nuestro Señor Jesucristo nos dió una sola iglesia, formada por los hombres, donde no hay diferencias de idioma, raza, etc.., es decir una Iglesia INDIVISIBLE Y UNIVERSAL.

Durante el transcurso de mi vida me encontré con muchas personas que mencionaban constantemente a Dios, diciendo que lo honraban, lo alababan, en fin, muy creyentes???, pero realmente

1

toda esa palabrería eran mentiras, en realidad no era intención de ellos. Desafortunadamente, yo también visitaba esas Iglesias y las frecuentaba con estas mismas personas, por esto digo "La Iglesia de los Hipócritas".

1) Dios reprende y condena la hipocresía.

2) Dios requiere buen ejemplo.

3) Dios perdona si nos arrepentimos.

4) Dios requiere dedicación y sabiduría.

Por eso será Dios quién vendrá y nos pedirá que hagamos un recuento de nuestras vidas. No somos nosotros quiénes debemos juzgar al prójimo. Por lo tanto, todos deberemos de dar cuenta a Dios de nuestro comportamiento. Nada de apuntar con el dedo a otro ser, igual que nosostros.

La Hipocresía es un pecado que cualquiera podríamos cometer, es la actitud constante de fingir creencias, opiniones, virtudes, y más...... las cuales no se tienen, ni se practican, vale decir "MENTIRA= HIPOCRESIA".

Cuando digo que Dios puso toda esta pobre y humilde sabiduría en mi corazón, es porque fué lo que determinó mi camino para tener yo una vida mejor, con mucha paz, cosa que yo carecía. Y demostrarle a Nuestro Señor que con este mi cambio yo podría ser un espejo para mis semejantes.

EL ESPEJO

El espejo es un cristal que nos refleja
Algunas de las cosas materiales
Que a simple vista podemos ver
Y podemos identificar, y me sorprendo
Al ver a las gentes juzgar a los seres humanos
Por sus errores y defectos

Pero, les aconsejo a aquellos que estén ciegos

Y no puedan ver sus errores, que se miren al espejo

Y si aún siguen ciegos que miren su conciencia

Que por dentro hay mucho más reflejo

Y a Dios no lo podrán engañar

Dios creó el Mundo perfecto, y a cada uno

Nos puso en su lugar

Respeten el lugar ajeno,

Para que el tuyo puedan respetar.

Amén

He pensado que estas palabras nos ayudarían a mejorar nuestras vidas. Yo también cometí y sigo cometiendo errores, pero trato de corregirlos, por eso le pido al Señor que me ayude, y me dé las fuerzas para lograr mi propósito.

Quisiera ser más comprensivo, llevarme bien con mis semejantes, pero a veces no es fácil, no todos los que te rodean son tus amigos, en fin, de todas maneras seguiré con mi propósito.

Ha sido un poco difícil para mi escribir este libro. Muchas noches desvelado pensando que no se puede ser muy sincero y contar todo lo que se siente o se piensa, pero siento la necesidad de expresarme y de contar tanta maldad e hipócresía que experimenté, si no lo hago me siento un hipócrita más ante los ojos de Dios.

Dios me enseñó el abecedario, para así poder yo escribir y contar mi verdad, no mi mentira, y quién mejor que yo que lo viví en carne propia.

"Señor te pido perdón si hago mal escribiendo este libro en el que señalo lo que tanto me causa dolor, siento que vivo entre pirañas y traidores".

Aclaro que no escribo este libro con el propósito de justificar mis errores, mis pecados, mis ofensas, y más...... es que tengo la necesidad de transmitir mis sentimientos, y por lo tanto me siento muy feliz y orgulloso de mí mismo.

Durante mi juventud conocí mucha gente, buenas y malas, los cuáles se decían perfectos, que no cometían errores, yo les creía, pero con el correr de los días notaba que no decían la verdad, no eran sinceros (creo que mencioné esto).

Señor, la gente está ciega, o no quieren ver la realidad, y sigo insistiendo (por enésima vez) que andan por las calles predicando, alabando Tu Nombre, al igual que en el Templo donde se supone que es Tu Casa, y la persona que se supone que te representa a Tí, predica muy bonito, con unas palabras que enternecen a cualquiera, y que al concluir el culto, vuelven a su vida cotidiana y hacen todo lo contrario de lo que El predicó, que nombre le daremos a esto, mi Señor? HIPOCRESIA, a mi parecer (me equivoco?), es que se estan beneficiando materialmente invocando Tu Nombre. Vuelvo a repetir, "la gente está ciega, o no quieren ver la realidad o no les conviene ver ...." Esto me causa tristeza y rabia.

A veces no damos crédito al Divino Poder de Dios, más sin embargo nuestro mayor Tesoro es el Amor a Dios Nuestro Señor, quién nos Bendice a todos los seres de esta tierra, y ciertamente, sin límites. Cada día tenemos un nuevo amanecer, "el sol sale para todos" y tendremos una nueva oportunidad. Dios nos dá esa luz que tanto necesitamos nosotros, nuestras familias, nuestros amigos, todos.

La Fé en Dios nos permite ver lo "invisible", creer en lo "increíble", y recibir lo "imposible". Y es por todo esto que Lo debemos honrar y alabar y agradecerle lo que nos brinda día tras día.

Traigo a mi mente algo que leí hace mucho tiempo, si mal no recuerdo era un poema anónimo, y se trataba de un hombre que caminaba por la playa, y que cada vez que volteaba su cabeza, veía reflejada en la arena unas huellas, dos pares de huellas, las de él mismo y las otras de Jesús, pero el hombre a veces en su caminatas por la playa veía solamente un par de huellas, las suyas, y eso le sucedía casi siempre en los días tristes y amargos de su vida. Al ver lo que le ocurría, este hombre le cuestiona a Jesús, y le pregunta: por qué en los momentos más difíciles me abandonas y no caminas junto a mí por la playa? Tú me dijiste que nunca me abandonarías?' Jesús le contesta: "cuando tú caminas por esa playa y no ves mis huellas junto a las tuyas, es porque te estoy cargando en mis brazos". Recuerdo que cuando leí esto ó me lo contaron, ya no recuerdo, aprendí que en los momentos más negros, difíciles de nuestras vidas, El Señor nunca nos abandona, siempre está a nuestro lado. "DIOS CAMINA junto a nosotros".

Dios es todo Amor, pero debemos ser sinceros con El, porque si le fallamos, y obramos con hipocresía, CUIDADO! debemos tener, el don del Temor de Dios. Que significan estas palabras? "es un miedo respetuoso que todo creyente le debe a Dios".

En páginas anteriores mencioné que cometí y sigo cometiendo errores, y que mi propósito es mejorar, llevarme bien con el prójimo, en fin pero que tampoco es fácil, porque existen los oportunistas y los interesados, y hay muchos.

Estando un día yo reúnido con unas personas, le pregunto a alguien del grupo, que ni su nombre conozco, caras que uno vé diariamente) si quiere tomar un café (era lo que estaba a mi alcanze monetario), pero esta persona molesta y muy suelta de lengua, me dice:" No, cuando me quiera invitar convídeme con una buena comida, un sandwich, pero no a un café" (sacrifiqué mi economía, y le compré su "pan con bistek"). Nunca a mi se me había invitado con nada, pero en fin.........

Lo que mas me molesta es que estas personas tienen el mismo nível económico que el mío, no pagan renta (viven y duermen donde los agarra la noche), (yo sí pago un alquiler) no tienen gastos, (yo sí los tengo). Sé que no tienen la necesidad de un plato de comida. Que nombre le doy a esta clase de individuos: OPORTUNISTAS? INTERESADOS?

Pienso que no se puede tratar de ayudar a todas las personas que se cruzan por nuestro camino. Desde niños nos enseñan a ayudar al prójimo, pero verdaderamente no se puede dar crédito a estas palabras. Antes de ayudar a otros y ponernos en sus zapatos, pongámonos en nuestros zapatos y veremos que a pocos les interesará nuestros problemas. Muchas veces ofrecer una mano, nos puede cambiar la vida, para BIEN, para MAL ó para PEOR.

El filósofo griego Pitágoras dijo: "Ayuda a tus semejantes a levantar la carga, pero no a llevarla" (Website de Wikipedia).

Y recuerdo algo que aprendi en la escuela, (estudiando historia antigua) años atrás, que un escritor romano dijo: "Servid cien veces, negaos una, y nadie se acordará más que de vuestra negativa".

Vuelvo hacia atrás y sigo contando mi historia: "Mis días transcurrían y yo envuelto en una vida llena de vicios rodeado de personas que vivían en mi misma situación. Me sentía en un callejón sin salida, que mal me sentía de animo cuando reaccionaba, pero nada volvía a recaer en lo mismo, y así pasé 20 años de mi triste y aflijida vida! Ni me daba cuenta en donde estaba.

Pero como siempro digo, Dios es puro amor, realizó un milagro, no sé, ni cuando, ni como, ni donde, solamente sé que un buen día comienzo a reaccionar; comienzo a darme cuenta de la vida miserable en la que me encontraba, y me dije a mí mismo: "Ya basta, para, sale de tus vicios, (esas no eran en realidad mis palabras), era el Señor Dios Todopoderoso que me hablaba, deposité toda mi confianza en El y así se hizo el milagro. Mi vida empezó poco a poco a cambiar!

Ya, sin los malditos vicios pude empezar a trabajar tan duro, hasta llegar a poder ahorrar y comprar mi casa, imaginense, mi primera casa, yo que nunca había tenido nada mío, que orgulloso estaba!!! Se imaginan 20 años viviendo por las calles atormentado sumergido en tantos vicios, gracias mil te doy Mi Señor todos los días.

Tenía una gran responsabilidad, pagar el "mortgage" de la casa, y con mi trabajo solamente no daba par cubrir tantos gastos, entonces decido rentar cuartos (me pareció una buena idea, además les renté a personas que yo conocía y también estaban pasando dificultades), esto me ayudaría y yo ayudaría a otros necesitados. Bueno, mi idea no fué buena, al poco tiempo comenzaron los conflictos. Al poco tiempo el inquilino me trae un amigo (pensé que era mejor, otra renta más), pero no fué así. El acohol fué uno de los motivos principales, ellos con su alcoholismo (otro vicio) llevaban una vida insoportable, tuve que desalojarlos, y volvieron a la calle, (de donde nunca yo debí sacarlos, aún siguen ahí).

Mi vida sigue transcurriendo feliz, sin vicios, y yo trabajando en mi oficio de pintor. En mi trabajo conozco a un pastor de una Iglesia, me acerqué a esta persona porque yo estaba ansioso de estar cerca de Dios. Encontrar a alguien que me ayudara con mi nueva vida. Esta persona era muy humilde, muy serio, respetuoso y muy religioso. Un buen día me dice: Reinaldo, viene un familiar a vivlr a la ciudad, a quién se podrá botar para reemplazarlo con mi pariente", estas palabras me dejaron frío, y pensé cuanta mentira, cuanta hipocresía, quitarle al trabajo a alguien, para acomodar a un pariente?. Ay Señor cuanta razón tenías cuando dijiste que "no se puede creer en los hombres, porque te traicionarán......" y sí, poco a poco me fuí encontrando con otras personas que no cumplen con la palabra que predican. En otra oportunidad visito un templo, me gustaba ir y escuchar al Pastor, pero un día comenzó a criticar a otro colega suyo, otro Pastor, diciendo que éste se creía Jesucristo en la tierra, etc. etc. pero lo decía con un tono tan sarcástico, que no era propio de un representante de Dios. Me pregunto: por qué existe tanta envidia? tanta crítica? Pienso que algunos representantes de Dios no cumplen con su prédicas, que sus obras solamente les sirve para su bienestar, buscan su propio interés, y a veces hasta se olvidan que hicieron votos de pobreza, y de ayudar al prójimo en sus necesidades, en fin allá ellos con su conciencia.

Sigo con mi relato. En otra oportunidad trabajando, vuelvo a conocer a otro compañero, también Pastor. Este amigo, muy respetable para mí, tenía una familia hermosa y muy unida. Yo lo admiraba tanto! Hasta escribí un verso o palabras en su honor. (Por privacidad daré un nombre ficticio, lo llamaré "Victor".)

A VICTOR Y FAMILIA

Te escribiré y te pintaré
Los colores más bonitos
Que yo pueda imaginar
Te daré gracias
Por mi vida
Y por todas las paredes

Que con amor

Yo aprendí a pintar

Con mucho orgullo de mi parte siempre traté de ser honesto con la gente, pero aprendí que la humanidad está perdida, las veces que fuí sincero y humilde, me pagaron con ingratidud. Por esto cuando conocí a "Victor" y a su familia me sentí feliz que Dios me pusiera a esta familia tan sincera y buena en mi camino, por la cual yo sentía mucho respeto. Pero sorpresas tiene la vida. Unos meses después encuentro a "Victor" con una muchacha joven, no era su esposa, yo le pregunto:" que pasó, y tu esposa y tus hijos? Por qué haces esto a tu familia? Tú que predicas tanto sobre Dios y ahora lo dejas? Y "Victor" me contesta: Dios puede vivir sin mí.

Claro que Dios puede vivir sin tí, pensé, porque El estaba aquí antes que nosotros, y seguramente perdonará a "Victor" como nos perdona a todos sus hijos.

En otra ocasión me encuentro con un conocido que siempre estaba en la calle, con su Biblia en mano, platicando, predicando en nombre de Dios. Estábamos conversando, y me dice: brother, tienes buen material? (se refería a la droga), véndeme un 20, pero no se lo digas a nadie", Pero en que mundo vivimos, es como digo siempre, HIPOCRITAS, y lo peor es que muchos se llenan su boca hablando de Nuestro Señor, por eso no me canso de decir que la humanidad está llena de maldad, de mentiras, de odio, etc.

A veces me preguntan, porque yo cuento todo de mi vida pasada, que estube lleno de vicios, que viví perdido por las calles durante veinte años, lo hago sí, para que sepan lo malo que es llevar esa vida, que las drogas no conducen a nada bueno, y que siempre hay tiempo de cambiar, solo pedirle a Dios que nos ayude y nos tienda su mano y salir de los vicios. Las drogas acaban con uno, con la familia, con los amigos, resumiendo, las drogas nos destruyen.

Y pienso que al no contar como transcurrió mi vida pasada, sería actuar con hipocresía, por eso cuento mi historia. Por supuesto que también encontré personas sinceras y honestas en mi camino, las que me ayudaron y contribuyeron a que se realizara el milagro en mi vida, salir de mis vicios. Personas que me dieron trabajo, para así yo ser alguien en esta vida. Cierto es, que yo nunca echaba la culpa a los demás de los tropiezos que me ocurrían, yo me hacía culpable de todos mis actos, no creía que era justo justificarme, yo me sentía aliviado al reconocer mis errores, como lo hago ahora en este momento escribiendo este libro.

Recuerdo que en aquellos días en que por milagro de Dios mi vida estaba cambiando, veía todo con amor, con alegría, tanto es que estaba trabajando podando árboles, y veía en esos árboles tanta belleza, que me motivaron a escribir éstas palabras en homenaje al Señor:

He cortado un árbol

"He cortado un árbol muy bonito
Y cuando lo miro
Se ve como un guerrero
Cuando cansado sale de la guerra
Y con los brazos en alto
Cantando libertad

He cortado un árbol y es como una
multitud

Es como hacer una oración al Cielo

Celebrando la obra de Dios

He cortado un árbol

 Y es como si los animales

Estubieran jugando sobre él

Porque es el árbol de los animales

Y también de la gran Fé

He cortado un árbol

Y aunque no lo sé

Es como un rayo de Luz

Es la Luz de la Vida

Es también la obra de Dios

Tantas cosas agradables me estaban sucediendo durante el cambio de mi vida, ese gran milagro que se había realizado en mi persona, que veía todo "color de rosa" y me daba por escribir y así vino este cuento a mi mente:

No Se Aferren a Las Cosas Materiales

Había una vez una familia que amaba tanto a Dios, que le rezaban en las mañanas, al medio día, en las noches antes de dormir, agradeciéndole a Dios todo lo que les había dado, fortuna, amor, un hogar, todo lo que un padre de familia podia anhelar. Este hombre tenía en la bolsa de valores de ocho a diez millones de dólares. Un día, Dios mira a la tierra y observa a esta buena y unida familia, a este hombre tan fiel y agradecido a Dios, al punto que Dios quedó sorprendido, decide poner a prueba a este buen Cristiano. Esta prueba consistía en quitarle al hombre toda su fortuna por un día. El hombre al ver que no podría brindarle tanto bienestar a su familia, decide quitarse la vida. Al llegar al lado de Dios el buen hombre le pregunta al Señor: "cómo es posible mi Dios, con todo lo que yo te alababa, te agradecía de todos los bienes que me habías dado, y me quitaste el dinero con el cuál mantenía a mi familia unida y feliz. Hijo mío, le contesta el Señor, lo siento, pero quiero decirte algo, eso fué una prueba que yo te puse. Esta prueba era el quitarte tus bienes materiales por un día, y al día siguiente te iba a regalar cien millones de dólares más por tener tanto amor y fé hacia Mí, pero fallaste al quitarte tu vida, perdiste los cien millones, tu familia y la fé. Colorín colorado.......

Un día alguién de otra religion me pregunta quién es Dios, no pude darle una respuesta muy clara, entonces escribí así: Pónle tú el Nombre, que yo le haré una canción, lo pondré como un espejo, lo pondré como una oración, le cantaré la canción más bonita, se la cantaré al Señor. Llámalo como tú quieras, Cristo, Jehová, Alá, Mesías, llámalo como tú quieras, que El te estará escuchando tu oración en el Nombre de nuestro Padre, alzen todos la voz al Cielo, porque el que cante esta oración estará alabando al Creador, al Padre, a Jehová, al Supremo Rey y Creador, y sea cual sea tu religion únete a tus hermanos, no te alejes de ellos, que también fueron creados por El. Dénle gracias al Cielo y a Dios y verán los milagros que se realizan en Su Santo Nombre.

Doy fé de que los milagros existen, yo puedo dar no una, sino muchas pruebas de ello. Recuerdo que en aquellos días en que estaba atravesando por tantos problemas, me dí cuenta que Dios estaba a mi lado, proque todo lo que me ocurría, lo malo y lo bueno, era para mi conveniencia. Pasé por jueces de todo tipo, buenos y no tan buenos, estube preso, (esto me ayudaba a no estar haclendo drogas mientras estaba encerrado), no era lindo estar privado de libertad, pero me convenía. Tuve juicios varios, entre uno de ellos me sentenciaron a ser deportado cuando fuera necesario, en fin, algunas veces hicieron justicia y otras veces injusticias, pero así me ocurrieron a mí. Todo sucede con una finalidad. Muchas veces me aconsejaron que participara en Iglesias, para ver si esto me ayudaba con mi deportación, pero para mí modo de ver, a la Iglesia no se va a pedir, sino a agradecer. Y yo, debía ir a agradecerle a Dios el haberme quitado de mis vicios. Un día pensé en abrir una Iglesia, y me dije" estarán todas abiertas? me respondí, no, falta una, la mía, La Iglesia de los Hipócritas, ay! mi Señor, no quiero que nadie se sienta ofendido, pensé de esta manera por tantas personas que había conocido, y, que sí, actúaban con gran hipocresía (ya se los conté en páginas anteriores).

Entre los seres humanos que conocí, mejor dicho que conozco, porque es mi compañera actualmente, es una persona buena y bella, que le gusta ayudar a quién lo necesite. Pero especialmente conmigo. Gracias le doy a Dios por haberla conocido. Gracias a ella pude escribir mis cuentos, me gustaría escribir libros, redactar bien, pero escribo estas humildes letras con mucho amor.

Esta persona de la que hablo, mi amiga, mi compañera de hoy, me hacía sentir bien durante mi tratamiento de diálisis, (tratamiento que realize durante cinco años, debido a que mis riñones no funcionaban), debido a que con su ayuda dicho tratamiento me resultaba mas soportable. Eran cuatro horas de estar sentado en una máquina limpiándome la sangre. Después de éstas torturantes horas, regresábamos a la casa, yo mareado, y derecho a la cama a descansar. Mientras tanto Liliana, (que así se llama mi mujer), me preparaba alimentos para que cuando yo despertara pudiera comer, ya que mi debilidad era grande.

Pero un buen día, ella en su afán de estar pendiente sobretodo de mi alimentación (el tratamiento de diálisis es muy severo y debilita mucho el cuerpo) sale como de costumbre a buscar desayuno para mí, a pesar de que yo esa mañana le digo que no, que no era necesario (algo yo presentía), pero por no contradecirla la dejé ir. Bueno pasó un rato y comienzo a llamarla por teléfono, pero no me contestaba, comenzé a preocuparme, porque ella siempre salía al teléfono. Bueno seguí en mi máquina y con mi diálisis. Al rato se acerca mi enfermera y me dice: Reinaldo tengo que desconectarte de la máquina porque acaban de avisar que Liliana sufrió un accidente con el carro. Yo desesperado, no sabía que hacer, llamar a sus nietas? a su hija? No podia, decido llamar a una amiga de nosotros, sinceramente me sentía destrozado, rompo a llorar, como iba a dar semejante noticia de alguien que yo quería tanto, que respetaba, que era lo mejor que había encontrado en mi vida. El accidente había sucedido a tres cuadras de donde yo recibía mi tratamiento, entonces me dirijo al lugar. Al llegar veo el van de Liliana, en el medio de la calle, malamente chocado, las cintas amarillas rodeándo la calle, me dije: aquí hubo alguien muerto, no podia pensar, comenzé a rogarle a Dios que nada malo le hubiera pasado a ella, que lo era todo para mí.

Porque estas cosas ocurren? Son cosas del diablo? No puede una persona vivir feliz, en paz? Cuánto sufrimiento Dios hay que pasar!! Es como que el diablo nos coge antes de nacer para hacernos sufrir, con tanto odio que nuestras vidas se convierten en una pesadilla (un yogur). Destruyéndo a nuestras familias, ver a los padres sufriendo por sus hijos, por sus pueblos, por sus países, tratando de destruir todo lo bueno que nos dá la vida. Pero no podrán, Dios siempre está con nosotros. Aunque te sucedan cosas parecidas a las que me han pasado a mí, nunca trates de quitarte tu vida, eso es un pecado que Dios no perdona, El te dió la vida, y El te la quitará. Paciencia mucha paciencia, la misma que tuvo Job. Job era el hombre mas rico de su aldea, un día Dios pone a prueba al patriarca Job (nombre que se le daba a los jefes de tribu en Palestina) le quita sus riquezas y pone el cuerpo de Job a sufrir enfermedades. Pero el Patriarca acepta con mucha resignación porque tenía mucha fé en el Señor. Al ver esta entereza de parte de Job, Dios le devuelve sus riquezas y salud, y le alarga la vida, Job vivió hasta los 104 años, viviendo una feliz ancianidad. Job es el mejor modelo de paciencia. La paciencia es una virtud.

La paciencia que tuve fué también inmensa. Estube cinco años bajo tratamiento de diálisis, ya que debido a problemas de salud mis riñones dejaron de funcionar. Un día me llaman por teléfono y me dan la noticia que había un riñon para mí. Se me hizo el transplante de riñon, y hoy llevo casi tres años feliz y sin estar bajo diálisis. Gracias a mi Señor que me bendijo y me bendice diariamente. Por eso repito tanto que hay que seguir a Dios, y no creer en el diablo que por su vanidad desafió al Señor y anda suelto por el mundo tratando de poner a la humanidad en contra de Dios. Por eso existe tanta maldad, tanta gente por las calles en vicios, sin tener un techo donde dormir, pasando hambre, porque? porque escuchan al diablo y no tienen fé en Dios. Los brutos hacen al final lo que los inteligentes hacen al principio, estas palabras me las dijo un Cristiano que conocí accidentalmente. Sepan que el diablo tambén se infiltra en las Iglesias, espiándonos, y tratando de conducirnos por el mal camino, para así hacer quedar mal a estas sagradas instituciones. Despreciemos al diablo, la maldad, el odio y tengamos mucha fé en Dios que con tanto Amor creó este mundo á imagen y semejanza de El. Tratemos de no hundirnos más y más. No hay nada mas placentero y bonito que estar con Dios. Aleluya, Aleluya.

Todas las experiencias que viví. Sobre todo las malas fueron interesantes porque me dieron sabiduría y aprendí mucho. Por eso un día que estaba yo hablando de la vida, de Dios, que somos todos hijos de El, había un conocido que me dice (y no en muy buen forma) :" oye tú que hablas tanto de religion, dónde estaba Dios cuándo yo estaba durmiendo en la calle, en un rincón sucio, botado y sin comer? Yo le contesté: antes de que tú fueras a dormir por las calles, mandó a arreglar esa acera, plantó un árbol para que tuvieras oxígeno, y que el cielo te sirviera de techo, tienes que darte cuenta que El nunca te desamparó, hasta cuidó tus espaldas para que nadie te matara mientras dormías, Dios estaba a tu lado siempre, cuidándote, velando tu sueño". Espero que esta anécdota sirva a muchos para que reflexionen, que aún cuando estamos pasando momentos tristes y desesperantes, Dios está entre nosotros. Alaben al Señor.

LILIANA LORENZINI

Te voy a escribir un poema

Que vuele y vuele

Como una mariposa

Por la tierra y entre las flores

Y en cada rincón

De esta bendita tierra

Que traga y traga

Y todo lo conserva

Para cuando venga

Otra era

Para las nuevas generaciones

Todo lo que Dios creó

Para ella, la tierra

Una mujer bella e inteligente

Un hombre sin mucha letra

Con un corazón grande

Y lleno de esperanza

Para vivir junto

A esa mujer bella

Y con mis palabras

Esa mujer escribe una historia

Se la mandamos a Dios

Que queremos que El las lea

Y nos dé Su Bendición

Y por ser tan buena

Mi mujer

Le escribo este poema

Que además de ser

Mi media mitad

También es

mi fruta completa

Una fresa, una piña

Una guayaba

Y bebiendo este batido

Me transporto

Al Edén

Porque mujeres como ella

Me hacen sentir bién

Otras tendrán dinero

Yo no me vendo

Estas palabras están dedicadas a mi mujer, amiga y compañera. Que Dios me la cuide, yo estaré siempre a su lado. Siempre dire que Liliana fué un regalo de Dios, porque la vida junto a ella es una vida de paz, sin peleas sin tormentos, cosa que no había nunca tenido una vida así, mis experiencias anteriores fueron horribles, mucho tormento. realmente el Señor me bendijo.

Voy a compartir con ustedes otro poema
que escribí:

L A   V I D A

La vida me dió muchas cosas

Me dió alegría y muchas tristezas

Me llenó de ilusiones

Me dió amigos

Buenos y malos

Y también

Muchas desiluciones

Me dió sabiduría e inteligencia

Me dió tristezas y desencantos

Por eso

Cuando llegan las noches tristes

Y me desespero

Le pido al señor

Que de lo bueno

Y de lo malo

Que me enseñó

Me quite los amigos malos

Y me dejo decirle a las drogas

NO

Quitáte de mi vida

Porque tú no eres mi amiga

Tú eres el MAL

Y yo estoy en camino

De Dios

Quiero pedirle al Señor por todas esos seres humanos que estan viviendo en las calles, sin techo, sin comida, pareciera que el dinero cae solo en las manos que no lo merecen, porque cuanto mas aumentan su fortuna mas aumentan los seres pobres en esta bendita tierra. Y yo pido por todos ellos, que diariamente se hunden en la miseria, y en lugar de ser escuchados son rechazados por sus propios hermanos, abandonados en cualquier rincón, sin esperanzas. Pienso que no estan en esa lastimosa situación por su propia voluntad, sino por su poca capacidada mental, que no pudieron asimilar como se vive en este mundo, por eso mismo no se debe de condenarlos, sino ayudarlos. Siento desprecio por el diablo y por todos aquellos que piensan y actúan como el mismo demonio. Lo que se olvidan es que Dios siempre nos encuentra una puerta, una salida para salir de esa oscuridad, de esa maldad. Por eso mis amigos les sugiero que se arrepientan, como hice yo, aunque todavía creo que me falta mas, y que agredezcamos a Jesuscristo que vino a la tierra para sacrificar su vida por nosotros, para librarnos del pecado. Con ese perdón podríamos tener una vida mas feliz, con mas paz. Sabemos que siempre en nuestros caminos encontraremos una cruz, y que debemos cargarla con amor. Quiero dejarle saber a Lucifer que se siente el jefe del infierno, y aunque tenga a hijos del Creador quemándose en esas llamas, un día saldrán airosos de entre ese fuego como el Ave Fénix resurgió de entre las cenizas, y Dios los recibirá, los perdonará y los acogerá con amor. Ya de esta manera estarán saldadas las cuentas con el Señor. Aleluya, Aleluya Mi Señor, que se haga Tu Voluntad en la Tierra como en el Cielo Amén. Dios mio no pude hacer más para Tí, no me diste la música que tanto anhelaba (siempre quise ser músico) pero me diste algo mas sagrado, conocerte a Tí como Padre, Hijo y Espíritu Santo, de lo cual me siento feliz y agradecido por todo el amor que me has brindado, sé que estas siempre conmigo, y yo estoy contigo, me siento casi realizado en mi vida, en Tí confío. Amén

CENIZAS Y CARBON

No me juzgues

A mí por azar

Pues yo soy

Un mensajero de Dios

Que me mandó

A aprender

Las cosas buenas y malas

Para que conociera

Tantas cosas en esta tierra

Que nos ofreció

Con amor y

La hemos convertido

En tanta maldad

Me mandó como angel

Me volví siervo

Me convirtió en predicador

También en testigo de Dios

No me juzgues a mí

Por sus errores

Pués de eso

No sé nada

No traten de culparme

Para tapar

La paja de sus ojos

Yo no soy quién

Para juzgarlos

Y para apuntarlos con el dedo

Si por muy bien

Que hagan

Las cosas en la Tierra

El Señor desde el Cielo

Nos está mirando

Y nos cobrará

El odio de esta tierra

Que se quema poco a poco

Y que estamos convirtiendo

En ceniza y carbon

Dedicado a la Pequeña Havana
(Miami)

Un saludo señores

De todo corazón

A cada rincón

De La Pequeña Havana

Allá conocí

La cerveza y el ron

La coronilla y el vino

La marihuana

Y el tabacón cubano

Un saludo a mi hermano

Le llaman Luisito

Un abrazo a

Oscarito el difunto

Era mi hermano

Quiero darle recuerdos

A un personaje que

No olvido

Lo guardo en mi sentido

Aunque trato de olvidarlo

También recuerdo a su hermano

Que fué un amigo mío

Por cosas del destino

Nos hemos separado

Y aquí estamos

Dándole gracias a la vida

Y los que recordamos

A la saguesera

 Y a los sapos de orilla

Ya con esta me despido

 Deseándole a mi gente

Un café con leche

En la mañana, y

Una botellita al acostarse

Y duerman como reyes,

los espero mañana

A Los Marielitos

Un recuerdo señores

Que haya en mi pensamiento

Cuando me fuí de mi pueblo

Por 4 Ruedas hasta El Mosquito

Como salida de La Havana

A tierras mas lejanas

Me llevaron a El Mariel

Y me dejaron en Cayo Hueso

Entre tantas gentes

Buenas y malas

Medalla, Luisito y Carballea

Conocí a Billy el niño y a jimagua

A Nelson y Candela

Llegué a la Pequeña Havana

Donde conocí a los demas

Y yo le pregunto

A los poetas

Porque cantarle a Fidel y al Che

Y se olvidaron del dicho cubano

Que dice:

Con el bin bin bin

Con el ban ban ban

Con el tibiriti

Con el tiribitabara

Marielita pa aquí

Marielito pa la valla

Con este ritmo caliente

Yo se los traigo aquí

Ya que los poetas no pudieron

Llevárselos de allá

Yo soy un comentarista

Que vino del mas allá

A recordarle a mi gente

Que aquí no pasa "ná má"

Yo soy el cuarto Rey Mago

Cubano de corazón

Me escape de la revolución

De esa mentirosa dictadura

Tuve que navegar para la "Yuma"

Con este ritmo caliente

Y se los cuento a ustedes

Ya que los poetas se olvidaron

Y se los recuerdo a ustedes

Que tuve que venir por el Mariel

A la ciudad que sus brazos me abrió

Un abrazo eterno a mis hermanos

De la Pequeña Havana

Les traigo este ritmo caliente

Con el bin bin bin

Con el ban ban ban

Con el tibirití

Con el tibiritaraba

Marielita pa aquí

Marielito pa la valla

Yo no les guardo rencor a aquellos que cuando decidí irme de mi país me tiraron huevos, me cortaron un dedo, y rompieron mi vida despreciándome. MORALEJA: "botaron los huevos, al gallo y a la gallina, se quedaron sin comida, que pecado!! y ahora como está la cocina? No hay para comer, botaron los huevos, al gallo y a la gallina y se quedó vacía la cocina".

Gracias a Dios nuevamente porque con tu ayuda y la de mi esposa, pude escribir mis pensamientos en este libro. Y gracias a Liliana que siempre dice 'la paciencia es una virtud" (es el "saying" o dicho preferido de ella) aprendí a sobrellevar mi vida. AMEN

CONCLUSION

Quiero dejar saber que todo lo escrito en este pequeño libro ha sido con mi corazón, sin falta de respeto. He dado nombres ficticios para no perjudicar a nadie. Solamente el de mi mujer es real **LILIANA LORENZINI**. Les deseo mucha suerte a todos. Adios y hasta siempre.

Y para terminar quiero pedir disculpas a quién pueda ofender, no ha sido mi intención molestar a todos aquellos que al igual que yo amamos a Jesús y a su Padre Celestial.

Dios me mandó a la Tierra para darle mi testimonio de como se encuentran aquellas personas que yo ayudé tiempos atrás. Mucha pena me dá ver a tanta gente trabajando en los campos, recogiendo frutas, vegetales bajo el sol, la lluvia, con tanto sacrificio, para luego con mucha humildad llevar su diezmo para ayudar a su institución, mientras el representante de Dios en la Tierra, usa esa contribución del devoto feligrés para su uso personal, y así poder vivir en mansiones lujosas, que tienen un valor extraordinario, millones de dólares, gracias a esos pobres creyentes. Estoy de acuerdo que todos los que trabajan en las Instituciones dedicadas al servicio de Dios, Templos, Iglesias, etc. reciban un salario por su representación, en lo que no concuerdo es que lo usen para aumentar sus riquezas. Y vemos luego que al tiempo renuncian a su ministerio diciendo que Dios puede vivir sin ellos. Estas acciones dan lugar a que desconfiemos de las Iglesias, y nos causa gran confusion, todo esto me llevó a escribir este libro, "La Iglesia de los Hipócritas".

Ya han pasado dos mil años predicando la palabra de Dios, al que le debo todo lo que soy y todo lo que tengo, gracias mi Señor!!!!!!!!!!

Les aconsejo a todos aquellos que se escudan y refugian en el nombre del Señor, que no sean hipócritas, que dejen de mentir.

Son mis deseos de abrir mi propia Iglesia de los Hipócritas, pero no permitiré mentiras en el nombre de Dios para nuestro fines. Y si en algún momento se sienten confundidos, yo mismo los esperaré y los recibiré con mucho amor.

El Señor necesita de nuestro respeto, sinceridad y honestidad, debemos de pagarle con creces por lo que El sufrió y padeció para nuestra salvación y redimirnos de nuestros pecados. Sepan que los hijos del diablo invaden la Casa del Señor, disfrazados de humildes ovejas, yo les quitaré ese disfraz y les mostraré a todos que son lobos feroces. Les repito, arrepiéntanse que ha llegado el momento de comenzar una nueva vida. Yo y la Iglesia de los Hipócritas los esperamos. Amén.

Printed in the United States
By Bookmasters